삶의 의미

인문인선 · 028

삶의 의미

김재근 시집

인간과문학사

● 시인의 말

무언가
삶이 바쁘고
외로운 생각들이
손잡이에 매달려가는 듯한 일상에서
잠시나마 쉬어가는 마음의 탐조등 하나를
찾기 위한 또 다른 생각을
여기에 담아
봅니다

2019. 9
백천 김재근

삶의 의미

차례

시인의 말

제1부 형태소

민초民草 12
삶의 의미 14
생명의 시원 16
세 글자 18
왕십리 산14번지 20
자판기의 사랑 22
제야의 메시지 24
편운제 26
풍경 1 28
풍경 2 30
풍경 3 32
행복의 의미 34
생명의 연주 36

제2부 관정

관정箟井 38
백팔번뇌 40
살아간다는 것은 42
삶의 방식 44
의절사 46
미안하기도 하고 48
종점 50
수고비 52
카톡 54
통증 56

제3부 언어

문배마을 60
물 위에 띄운 편지 62
살다 보면 64
석모도 66
섣달 표정 68
언어言語 70

연포해수욕장 72
지심도 연가 74
짱둥어 다리 76

제4부 비슬산 참꽃

도봉의 가을 80
법열法悅 82
물의 노래 84
비슬산 참꽃 86
산이 부른다 88
설원의 선자령 90
안양천 표정 92
예봉산의 맛 94
오륙도에 오는 봄 96
증도의 아침 98
촛대바위 100
하도리 풍경 102
한강 104

제5부 낙엽의 꿈

고향 생각　108
겨울 산의 여운　110
구절초 단상　112
돌배나무　114
바다낚시　116
배롱나무　118
백사실 계곡　120
봄의 신비　122
낙엽의 꿈　123
신선대　124
조릿대　126
철쭉의 언어　128
하늘 도로　130

김재근의 시세계
무욕無慾의 시학 | **유한근**(문학평론가)　132

| 제1부 |

삶의 의미

민초民草

가녀린 한 생명체

살아야 한다는 본능은
동토도 뚫어내는 옹골찬 정신의 결집

시린 발로 걷는 길에
보송보송 털을 세우고 후세를 이으려는
희망 하나 가슴에 품은

얼음 밭에 누워서도 천연스럽게 웃고 있는
그 여유

매운바람 불면
동상凍傷을 입을망정 갈색 옷 갈아입고서
죽은 듯 홀로 다지고 웅축한 내공

이 땅 골짜기
이름도 없이 태어나 그림자처럼 살아온
우리의 질긴 민초들

민꽃다지
그 생명의 힘

삶의 의미

삼방산 골 사이
쓰러질 듯 피곤에 지친 집 뒤로
하얗게 얼어붙은 배추가 길게 늘어진 밭

살아서도
죽어서도
인정받지 못한 그들에게
시린 눈길을 주던 등 굽은 주인

물오른 나무들도 눈치 보는 꽃샘추위에
혼자서 밭을 갈아 뒤집고 있는

늘 푸른 노송처럼
오롯이 지켜온 고향 흙냄새 향기 배인 삶

온몸으로 지은
분신의 잔재들
아물지 않은 상처에도 바위처럼 침묵하며

또 그 자리에
새로운 봄

생명의 문을 연다.

생명의 시원

세상에
가득한 생명체 중
처음 태어나는 어린 생명은
모두 귀엽다

태양의
작은 눈짓 하나에
꽃눈이 트고
개구리가 폴짝 뛰는 봄

겨울보다
봄이 아름답게 느껴지는 것은
새로운 기대
신비로운 생명의 발아 때문

어둠이 숨어
아침이 태어나고
생성과 소멸이
하나로 연결되는 세상에도

새 생명의
탄생은
꿈이 돋는 봄의 환희다.

세 글자

아버지란
이 세 마디의 말 어린 시절
내 사전에 없었다
따뜻한 가슴의
안아 주시던 그런 기억은 없었다

네 살
기억이 아물거릴 때
하늘로 향하는
꽃가마 타고
정든 사립문을 떠난 단어
아버지

한겨울
희미한 등잔불 아래
숨 가쁘게 삼 일을 누워 계시던 집의 대들보는
그렇게 무너져
외로운 그 먼 길을 홀로 떠났다

스물여섯 젊은 엄마는 하늘이
무너져 피눈물 흘리는데
첫돌도 못 된 막내아들은
젖 달라고 울고
배가 고픈 세 살 아들은
밥 달라고 울고
네 살 아들은 "우리도 제사지내면 쌀밥 먹는다"는 말에
온 마을 울음바다 되었다.

어머니의
모성을 먹고 자라
기억에서 사라진 단어

아버지가 되어 터득한
세 글자의 의미

왕십리 산14번지

바람도 숨이 차서
쉬어든 언덕 안정사 절 위로
사람 하나
비켜갈 골목 사이

번지 하나에 1,400여 가구
루핑집이 다닥다닥 붙어서
문만 열면 이웃집 부엌

숟가락 몇 개
밥그릇 몇 개
포개진

코흘리개 아이들 복작되던 삶

겨울엔
연탄 한 장 온기가 전부인 방안
아이들 웃음
이웃의 숨소리도 정이 겨웠는데

지금은

젊고 높은 아파트
기름 흐르는 넓은 길

낯가림하고 있다

자판기의 사랑

합정역 플랫폼에
행인들 얼굴을
마음으로 읽어내는 그가 있다

카페라떼 400원
모카치노 400원
율무차 300원

무더운 여름
갈증에 목이 타는 이에게 마주하는
그의 일과는
말없이 웃으며 위로하는 일

일상의 애환을
자신의 정수에 아낌없이 녹여서
미련 없이 내어 주는
달달한 정

언제나

함께 나누고 싶은 저 표정 하나에
어둡던 공간

지하철이 밝다.

제야의 메시지

한 해의 시간이
문을 닫는 섣달 어두움을 타고
내리는 눈

짐승처럼 뱉어내는 온갖 소음들
잠재우는 하늘의 메시지

잠시 자연의 줄을
잇기 위해
세상에 모습을 드러낸 생명들

무엇을 위해 사는지
실타래처럼 얽히며 뒤돌아볼 시간도 없이
달려온 길

날이 밝고
새해에 이르기까지
지난 시간 탐조등 하나 찾기 위한 여유
조용히 기다리며

지금은
마음의 갈무리

포용의 시공간

편운제

난실리 산기슭에 위치한
영원한 안식처

"고향은
사람을 낳고
사람은
고향을 빛낸다"는 그 말
이곳에 와서 알았네

시는 "영혼의 화석"이라며
평생을 함께 시처럼 살다간
그 시인

어머니의 심부름으로
그를 심고 기르러 세상에 왔다가
어머니 곁으로 간
편운

몸과 마음이 피워낸 꽃

그 끝없는 사랑의
향수鄕愁

풍경 1

겨울이 채 가시지 않은
저녁 7시 식당은
손님들로 한창 붐비어야 할 시간

고등어 한 마리
정갈한 쟁반 위 윤기 흐르는 몸에
가시를 걷어낸 하얀 살결
바다 향기 가득 실어 온
날렵하고
아름다운 유혹도 소용이 없이
눈길도 주지 않고
바람처럼 흩어지는 사람들

단돈 칠천 원에
따뜻한
밥 한 그릇의 행복도
주머니가 빈
어두운 그림자에 가려진 그들
그들의

비워진 마음들

진상된 자신은 표정을 내려놓고
주인의 눈치만 안타깝게 살피는데

손이 시린
주인은
적막한 한겨울

고향 떠난
그의 마음도
시리다

풍경 2

바람도 겸손한 봄의 한낮

땅 속의 전철은
사람들을 밀어내고 끌어안으며
혼자 바쁘다

차 안에서 포로가 된 듯한
조용한 공기

채울 수 없는 분위기에
비어 있는 듯 아쉬운 마음

친구가 된 핸드폰에
위안을 얻는 듯 응시하지만

너와 나의 거리는
하늘만큼 허공을 맴돌고

무언가 외로운 생각

생각들이
앉아서 눈을 감거나
손잡이에 매달려가는 일상

전철 안의 풍경들

풍경 3

요양원에 갔더니
할머니 한 분이 굳은 영광 모시떡
한 개를 준다

추석이라고
자식들이 가져온 떡을 힘겹게 이곳저곳 다니며
나눠 주는 인정

절간처럼 고요한 적막
시간을 쌓아둔 이마에 꿈을 가꾼 모습
늦가을 쑥부쟁이로 피어났는데

아쉬운 가을
무서리가
햇살이 아쉬운 듯 기다리고

저녁노을에
정이 그리운 마음 한 곳
붉은

석양빛 모습

행복의 의미

한생을 살아간다는 것은
자신만의 역사를 적립하는 과정

한겨울 날씨에
팔순도 훨씬 지난
단정한 할머니 한 분
석계역에서 가능역 가려면 어느 열차 타느냐고
물어 오시는데
왜 가시느냐고 물으니
이사를 한 친구 찾아가는 길이라고
밝은 웃음이다

고령의 연세에도
찾아갈 수 있는 곳
정겹게 불러주는 친구가 있어
꽃피운 얼굴

구수한
된장 맛 나는 오랜 벗도 찾아가고

차창 밖에 펼쳐지는
좋은 세상 구경은 숨 쉬는 사람의
당연하게 생각되는 권리인데

평생 동안
제작한 지난 삶의 영상도 잊은 채
요양원 침대를 집 삼아 누운
시공간의 생명은
세상 관심 내려놓은 무념의 경지

오늘도
아침 햇살은 이렇게
눈이 부시다.

생명의 연주

먹장구름 몰고 와
억세게 울고 난 도봉산

뙤약볕에 주눅든 나무들 모처럼
푸른 기운 넘쳐
만세 부르네

꽈리를 튼 모감주나무
지나가는 바람에 손 인사하고

숲속의 뻐꾸기
여름을 즐겨 목청껏 외친다

하늘이 비운 마음 한조각
풍요를 축복하는
소낙비 한마당

| 제2부 |

관정

관정簪井

어린 시절
사람의 힘으로만 농사지을 때

한여름 불타는 태양 아래
쩍 쩍 갈라진 논바닥에 서 있는 벼
생의 끈을 놓으려는 그에게
물 한 모금 먹이고자 하는 마음

강바닥 돌 자갈 걷어내고
파 보아도 반응 없는 웅덩이에
애간장 타는 농심 흔적이
보일 때까지 파고 또 파서 피멍든 손바닥

몇 날 밤을 새운 노력에
솟아오르는 물 맛볼 때
그때쯤 하늘도 인심 베풀 듯 단비 내려 주었는데
오늘따라 내리는 소낙비 한 줄기

여기

일평생 자신의 한 몸보다
분신이 아프면 자신이 더 아픈
절절한 사랑의 공덕

자식농사에
쏟아낸 정열 모두 쏟아낸 뒤
고단한 의무를 끝낸 듯
십여 년간
요양원 침대 한 칸에 마르고 앙상한 몸
세상을 잊은 듯 누이고 있는
어머니
어머니

백팔번뇌

급하게 달려간 전쟁터

온몸에 달라붙은
생명의 선이 열심히 그래프 운동을 하고
목 혈관 뚫은 주사침에 매달린 삶의 무게가
창백한 얼굴에 산소호흡기로 표현되는

공기방울이 밀어 올리는 그 의미
생 그리고 죽음은
종이 한 장 떨림의 차이

힘든 몸에
욕창까지 마구 덤벼드는데
주삿바늘이 몸을 파고들어도 체위 변경까지
해야 하는 시간의 연속에

생명은
한 가닥 호스로 이어지고
분초를 다투는 고통의 울림은

심장을 찌르는 아픔으로 다가오는
응급실 표정

한생의 모진 삶이
흔들리는 바람처럼 불어와
여기에 온
꿈같은 시간의 연속

삶 자체가
백팔번뇌인 것을

살아간다는 것은

살아간다는 것은
기다림과 설레임의 또 다른 표현.
한 방울의 물도
새로운 세계를 향하여 떠나가듯.
우리 인생은
강물에 희망을 찾아 떠나가는 배

세상에 나온 흔적
하나라도 건지기 위해 밤낮없이 뛰고 지내다 보면
어느덧 황혼
고단하고 힘든 날
다정한 마음 하나로 채워지지 않는 허약한 부문을
가족으로,
친구로 나누는 기쁨은 또 하나의 보람이자
소박한 행복

우리 한생도
지나고 보면 한순간
기쁘고 슬픈 날도 있지만

그래도 숨 쉬는 기쁨은 하늘이 준 것
생각하면
풀 한 포기 곤충 한 마리
세상의 생명체는
그 자체로 존재 가치가 있는 소중한 개체

무거운 짐과 마음
버리고
한 조각 노를 저어 바다에 이르기까지
우리를 위해 희생한 지상의
모든 것에 감사하고
애련哀憐의 마음으로
사랑하면서 살아가야지

삶의 방식

삶의 의미는
길 위에서도 얻는다

안개비가
산을 가린 바위 절벽에 철쭉꽃이 두 손 모아
합장하고 있다

다람쥐처럼 작은 몸이 밀어 올린
몇 송이 여린 순수

풀 한 포기 없는
메마른 터전에 홀로 이슬 몇 방울로 연명한
시간들이 이어진

울음 같은 삶에도
신선들과 머무는 무욕의 세계

바람도 안타까워 차마
곁에 오지 못하고

햇살 한 줌
찾아와 친구가 된다.

의절사

가로지른 한강을
말없이 굽어보는 언덕 위에 누워
가슴에 담은 마음
그 하나로 전해온 세월 수백 년

소년 단종을 위해 자신들의
한 목숨에
온가족 목숨까지 거두어 버린 가없는 그 충절

그 기상
그 아픔에
전신이 이리도 아려 오는데

지난겨울
추위에 이리저리 눈치보던
뜻 모르는 영춘화는 오늘 눈인사

무심한 바람도

흐르는 구름도
이곳 먼저 찾아드네

미안하기도 하고

멀리서
미적거리는 봄의 길목

하얀 풍경을
멋지게 그렸던 잔설이
풀었다 조였다 쉽게 접근을 거부한다

몸의 무게를 싣고
자국을 새기는데
무겁다 배고프다면서 투정을 부리다
신음까지 한다

하소연도 무시하고
내려 누르니 참는 것도 한계가 왔는지
드디어 파업이다
혼자
어디로 갔는지
흔적도 없이 달아나 버렸다

곁에 있을 땐
당연한 걸로 마구 대했는데
미끄러지고 난리가 났다.

아이젠
그가 아쉽고
미안하기도 하고

종점

생명이란
시간이 정해진 운명

등산로에
길을 막고 쓰러져도 버티고 선 고목古木
한 그루
자신의 생각과는 다르게
육신을 가누지 못한 그

되돌릴 수 없는 시간들의 역사가
누워 있는 현실

햇빛과 바람
폭풍우를 뚫고 버텨온 고난의 무게를 지고
가고 싶지 않아도
누구나 한 번은 가야만 하는 그 길을
봄의 꽃잎보다는 고운 단풍으로
지고 싶은 마음

나뭇가지 사이 바늘 햇살이
더 눈부신 숲은
비워야 다시 채워지는
뭇 생명들이 피고 지는 숭고한 자리

윤회輪廻의 현장

수고비

첫 직장에 들어가서
한 달 근무하고 6천8백 원 월급 받았을 때

신기하고 신기해서
이 돈을 받아도 되나
받아도 되나 하고
생각했다.

그 돈
드리면 환한 미소로 "수고했다"고
"수고했다"며 기뻐하시던
어머니

하숙집 얻어
주인집 또래들과 친구들 함께 어울린 보람
새삼 추억으로 남고
돈이 무엇인지 알았지

주머니에 그게 있으면

밥 안 먹어도 마음까지 부르고
그게 없으면 밥을 먹어도 배가 고프던 때도
있었는데

그 꿈같이
흘러간 연륜 40년의 시간도
돌아보니

순간인 것을

카톡

아침 햇살이
창문을 열면 기다리던 그가 다가와
문안 인사한다

시간이 적금처럼 쌓여갈수록
달력은 하나 둘 낙엽이 지고

휘어진 가지의 무게에도
날마다 잊지 않고
또 하루의 삶을 일깨워 주는 시간

냉랭한 바람이 쓸어간 빈 공간에
따뜻한 햇살같이 내려앉은
변함없이 좋은 친구

길게 눌러 쓴
정성스런 편지 대신에 번개처럼 날아오는
몇 줄의 덕담 인사

오늘 하루도
상큼한
살구 맛이다

통증

쓰고 남은
또 다른 삶의 흔적

오래도록
일 밖에 모르던 어금니
시린가 싶더니
머리까지 아프다고 난리

자동차 한 대를 먹고
더 못 먹어서 아우성이네

하지만 어쩔 것인가
부실한 그도
이제는 함께 가야 할
친구

채석장
돌 깨지는 소리
노래처럼

귀에 익숙해지는 오늘

시계 초침의
울림은
건강을 울리는 절박한 소리

| 제3부 |

언어

문배 마을

이 땅에서
6·25 그 수많은 생명들이
사라져간 처절했던 삼 년
전쟁도 몰랐던
신선들의 주거지

달콤한
문배 한 조각에
홀로 우는 산새의
외로움도
포근하던 시절의 진한
그리움도
함께 녹여내는 곳

하늘로 통하는 길에
하얀
문배 꽃 전설 피어오르는
그곳

맑은 호수에
추억 한 줌 담아 본다.

물 위에 띄운 편지

두물머리 강가에 나룻배 한 척
할 일 없이 매어져 졸고 있는데
연꽃들이 저마다
개성 있는 얼굴을 내어 밀고 있습니다

오늘은
무척이나 더운 날입니다

맛있게 발효되었던
지난 시간
강물도 시원하게 맞아 주었고
꽃은 더 화사했는데
지금은
고요가 강물 넓이만큼 깊고 가득합니다

환하게 웃던 그 모습
오늘도
그 꽃들이 무리지어 웃고 있네요

마음이
무언가를 보이라고 하는데
혼자
길 한복판에 서 있는 느낌입니다

이 더운 여름
잘 지내기를
강물에 떠 있는 연꽃에게 기원합니다.

살다 보면

청정한 태백산에서
천 년을 살아간다는 주목 한 그루
속이 썩고 썩어서 텅텅 비었다.

얼마나 아픈 시간
못 볼 것을 마주했으면 저렇게나
삭고 또 삭았을까

한세상 살다 보면
언젠가 우리 몸도 저렇게
휘둘리고
또 뒤틀릴 때도 있겠지만

그대여
흐리고 바람 부는 날 있어도
살아온 날에
감사하고

흐르는 물이 바위에 부딪히면

소리도 내고
낭떠러지 만나면 큰 소리로 울지만
가는 길은 멈추지 않듯

그렇게
또 그렇게
흘러서 가 보자

석모도

영하의 기온
칼바람에 석모도가 불러서
해명산 올라
강화도를 날아 보니

배 떠난 외포리 항구
홀로
외로운 시름에 잠겨 있는데

개펄이 드러난 바다
점점이 떠 있는
섬들이 서로를 위로하면서
보문사 눈썹바위 돌부처도 동안거
명상에 잠겨 있구나

고소한 콩가루에
야채가 옷을 입은 밴댕이회 한 접시는
입안에서 녹고

삼산 해수 온천탕
하늘이 준 뜨거운 물은 무거운 중생들
마음 깨끗이 비워내는 곳

석모도가 꾸며온
바다와 땅은
인심까지 넉넉한 섬

온정의 공간

섣달 표정

어두움이 도망간
한강 물에
햇살은 눈부시게 솟아올라
불이 타는데

철길 걸쳐진 다리 위
자동차가 내달리고
긴 꼬리를 단 전동차가 바쁘게 건너도
흐르는 물은 표정도 없다

한 해가 다 지나가는
섣달 마지막 날에도
어깨에 짐을 지고 강을 건너는 군상들

그들을
바라보는
그 귀여운 입들의 꿈을 위해

침묵 속에

오늘도
부지런히 뛰고 달린다

언어言語

한번 태어나면
다시는 오르지 못하는 6두품

다시 주워 담을 수도 없는
성격의 소유자

삶을 넉넉하게 하는
격려와 칭찬에
고목도 새싹을 밀어 올려 젊음을 되찾고
말 못하는 농작물도
웃고 춤을 추면서 튼실한 열매로 대답한다

행복과 불행은
말에서도 비롯되는 것 무심코 한
말 한마디는 마음을 베는 씨앗

말에도
발이 있고 귀가 있고 나무처럼
숲처럼 자란다.

이른 봄날
따뜻한 양지 쪽 햇살 같이 고운
말의 품격

생명처럼 귀한
보석

연포해수욕장

깊은 밤
해조음 연주에 홀로 날을 샌 섬 사이로
용솟음치는 대붕大鵬이
검은 장막을 거침없이 먹어 치우고

명멸하는
등대를 지키다 잠에서 깨어난
갈매기들 힘찬 나래에
붉은 바다는 푸른 가슴을 열어
자신을
내려놓은 사이

작은 발동선의
고깃배 한 척 물길 가른 어부가
이른 아침을 낚는다

연포 바다
해변 정경이 슬프도록 아름다워서
한생의 인연으로

결실을 맺은
사랑의 바보가 된 연인들

바닷물이 물러난
드넓은 백사장에 네 개의 발자국을 찍은
행복의 흔적

보이지 않을 만큼
멀리
멀리까지

적립하고 있다.

지심도 연가

거제도
뱃길로 건너온 꿈의 향기에
온 가슴 부풀어 있는 곳.

수줍음에 저려
얼굴조차 붉게 물들이고
두근거리는 몸 어쩔 줄 모르는데

바위 섬
물 한 모금 받아 머금고
바다 건너
딴 세상 그리며 채색하는 마음

머물던 배 떠나자
서러운 갈매기 소리도 그치고
파도만 밤을 새우는 그곳에서 수십 년
무리 지은 사연들

오늘도

기다리다 지쳐서 말없이 흘러내린
아린 눈물

지심도 동백꽃

짱뚱어 다리

어두움을 보낸
충만한 생명의 빛이 새 아침을 연다
형언할 수 없는 기운이 바다를
딴 세상으로 물들인다

시선이 머무는 곳에
증도의 해송 숲이 가슴을 열고
잠자던 숲들이 깨어난다

꿩들의 합창
뻐꾸기들의 화음으로 이어선
생명들 기운으로 충만하다
고운 금빛 모래들이 숲들을 받치고 해당화가
다소곳 다가와 웃고 있는 곳

증도 바다 아침
이슬이 내려앉은 짱뚱어 다리 아래
바다를 비워낸 갯벌의 여유

새벽을 가르는
바람과 별 흐르는 구름까지도 함께
어울리는 정겨운 길에
오랜 벗들과 잔잔한 가슴 속
마음을 나누는

짱뚱어
그 길 그 다리

생명의 길

| 제4부 |

비슬산 참꽃

도봉의 가을

만산홍엽滿山紅葉
그것은 점잖은 선비들의 표현
햐아!
도봉산 단풍이 이제사 제대로 철 들었네
항상
젊은 줄만 알았는데
세월 이기는 장사 없어야!

초록 주황 노랑에다
진분홍 잎새들 모두 한데 어울린 축제
하이얀 구절초
산사에 전각 위에 내려앉은 햇살까지 함께
수繡놓은 풍경

도봉서원의 그 많던 선비들
바위에 각인한 문사동 글씨 한 점 남기고
낙엽처럼 가고 없지만
시조 읊던 낭랑한 소리 계곡물에 담아 내리고

자운봉 우뚝 선 바위
고고한 자세 아직 그대로이지만
칼 같던 포대능선도
이제는 등이 굽어
지나던 바람도 숨어들었네

가까이 있어서
친구도 되고
절간 종소리가 시간을 먹어도
마냥 즐거운

이 가을의 넉넉한 인심
정말
거시기 하네!!

법열 法悅

오늘도 산은 한여름의 열기
한 발 한 발 오르는 만큼
축적된 진액을 모두 쏟아낸다

지루하고 긴 암투
오르고자 하는 마음과 쉬고 싶은
육신의 갈등이 인내를 시험하는데
더위를 먹은 숲속 새들도 침묵이다

노력하는 그곳에 길이 열리고
평온한 생각들이 자리 잡는다
오르는 육신도 고통이 희열처럼 느낄 때쯤
비운다는 이유를 터득한다
한계에 이르면
 자신의 몸무게는 물론 마음의 티끌까지도 버리고 싶다.
 주어진 환경에서 욕심 없이 살아가는 생명체들에 의해
 마음의 무게도 덜어진다

살아오면서 혜택을 받아온
당연하게 생각했던 모든 것들이 감사하다
피어난 꽃 한 송이
바위 사이 풀 한 포기
흘러가는 구름
불어오는 바람
상쾌한 공기
아름다운 숲
세상에 존재하는 모든 물체와
이 산에 오를 수 있게 도와주고 인도한
사람들의 흔적 등

산 정상
그곳은 구도자求道者의 희열
무아지경 그것이다.

물의 노래

  소나기는 한줄기 시원하게 울음 우는 물의 대명사다 이들도 가끔은 가슴이 답답하여 울고 싶어도 참고 또 참다가 한계에 이르러 폭발하면 크게 소리 내어 운다 그들이 내린 후 청량한 하늘은 순수하다 울고 나면 가슴이 다 후련한 것을 그들도 몸으로 아는 것이다 그들은 장소를 가리지 않는다 한여름 쏟아 내리고 싶은 곳에 쏟아져 내린다 폭력배처럼 쏟아 퍼붓기도 하고 있다 산과 들은 물론 사람도 차도 젖고 도로도 젖는다 간혹 물바다를 이루기도 한다 성이 난 그들의 모습은 마치 힘센 남성의 소음에 가까운 음악 연주와 같다 그래도 소나기는 통쾌하고 씩씩한 음악 그 소리로 울려 온다 웅장한 선율들이 모여서 하얀 보석들을 쏟아내는 폭포를 이루고 계곡을 적시며 생명들이 살아가는 여유로운 공간을 풍족하게 꾸미는 역할을 즐긴다.

  오랫동안 목말라 울고 있는 생명들을 보고 가슴 답답한 아픔을 느낀 애련哀憐의 눈길을 외면할 수 없는 그들이 마음을 담아 생명들의 간절한 소망을 이루어

준다 초목들은 팔 벌리고 기지개 켜서 푸르고 푸른 환희의 함박웃음이다 오랫동안 집을 비운 계곡에 풀들이 자신들의 세상인 듯 터 잡고 기세 올려도 이제는 너그럽게 어루만지며 고향을 찾는 정감에 즐거운 마음이다.

중랑천변에 숨어 다니던 철부지 메기들 이들도 새로운 세상 맑은 터전을 그리워한다 메말랐던 수락산 계곡에 물길이 터진다 잡초들이 자리 잡은 계곡의 물이 이어준 길을 따라 신천지 개척하듯 이리저리 헤집고 놀며 신이 나서 춤을 춘다

대지와 계곡을 풍요롭게 만드는 절대자인 물은 소나기도 그 형제이며 부드러운 얼굴이 제 모습이다 한 줄기 시원한 물은 생명들의 사랑을 독차지하는 영원한 연인이다

비슬산 참꽃

비파의 아름다운 선율에도
때를 기다릴 줄 아는 여유

단 한 번의 열정을 위해
온 겨울
온 여름
추위에 폭염을 숙명으로 삼아 무던하게 참아온
인고의 시간 동안
말없이 정진하는 대견봉의 품격

크게
멀리
깊게
생각하는 진리의 가르침에

수행의 무리들은
드디어 새로운 생명의 꿈을 완성하는
환희의 무대를 펼치고

참 세상을 밝히다.

산이 부른다

한때의 번민은
묵은 껍질을 벗기 위한
아픔의 과정

언제부터인가
한 마음이
자리 잡지 못할 때에는
산으로 오라

산골의 폭포가
미련 없이 비워내는
보석들의 춤과 음악 들으며

꽃과
나무들의 정겨운 속삭임에
상쾌한 공기
한 쌈 싸 먹고

한곳에 머물면서

시공을 초월한 바위들
그 내면의 기품을 생각하고

오르고
오르다 보면

어느새
탁 트인 공간에서
스스로 무념무상의 의미를
느낄 수 있으리

설원의 선자령

우리 삶의 근원
이곳은
국토의 등뼈에서 흘러내린 정신의 고향

어제까지도
미세먼지 잿빛 하늘에
겨울 내내 옷을 벗은 나무들
우울증에 걸린 듯 침울했지만 이제는
얼굴에도 밝은 웃음
화사한 기운이 돈다

누구도
표현할 수 없는 명품 수묵담채
펼쳐진
온 세상
열린 가슴을 뚫어내는 곳

양떼 목장도
점점이 이어진 산들도

모두 하얗게 잠들어 있는데
거대한 풍차들
염주알 돌리 듯 부지런히 윤회하고
동해 바다
푸르고 힘찬 기운
설원의 풍경
청정한 바람이 불러내는 희열

여기에서 발원하는 물은
한반도의 중심을 살찌우는
생명수

선자령
이곳은 우리들의
정신을 지탱하는 허리

안양천 표정

봄날 아침 햇살에
천변의 모든 군상들이
기지개를 켜고 아침 운동이다

바람의 손짓에 길게 늘어서
화사하게 웃던 벚꽃 여인들
하늘하늘 눈꽃으로 화답하고

수양버들 늘어진 연두 옷 정원의 물결 사이
장끼 까투리 한 쌍 사랑 놀음
팔뚝만한 잉어들도 제 세상 물 만난 듯
들썩들썩 춤을 추며 노래하는데

유모차에 앉아서 엄마 따라 나온 아기
조물조물 귀여운 입놀림에
조팝나무는 너무 웃다가 그만
하얗게 머리가 세었다.

다리 위

미어터질 듯 늘어진 자동차 물결에도
모든 걸 품어 안은
안양천은

봄의 환희다

예봉산의 맛

아스팔트가 무쇠솥 열기로 달아오른 한여름
팔당역에서 예봉산 운길산 걸어가는 길

그물망에 갇힌 수수가 자신의 분신을
알알이 살찌울 때
목마른 옥수수는 누렇게 떴다

한 발 두 발
꾸역꾸역 오르고 또 올라
몸의 진액들이 발끝까지 표출된 사막일 쯤
물 한 모금은 꿀맛 감로수

나무들도 더위를 먹어 축 늘어져 있어도
가을의 전령사
도토리가 걸어와 가을을 예고하는데

청량한 바람 날아와
가슴에 쌓인 무거운 짐을 날려보내면

발아래 펼쳐지는 두물머리 정경
서울 한복판을 굽이돌아 흐르는 한강의 여유에
산 정상은 더 이상 바랄 것 없는

행복의 전망대

오륙도에 오는 봄

아직은
제비도 날아오지 않는

차가운 바람 부는 갯가에서
아낙들은 해초와
붉게 얼은 미역도 담고
돌 밑에 숨어 있는 작은 게와 술래를 하며
웃음도 담는다.

얼음 같은 바다 물속
주름진 해녀는
해삼 전복을 들어 올리는 재미에
오늘도 해가 지는데

수평선 멀리
무역선은
소리 없이 물결을 타고

오륙도 바다에서

푸른 희망 품은 어부들은
이동하는 물고기 따라
봄을 건져 올린다.

봄의
씨앗을 낚는다.

증도의 아침

신안 보물섬의 고향

섬과 섬들이
형제처럼 사이좋게 이웃하고

드넓게 펼쳐진 갯벌에
바람과
흐르는 구름까지 머물며
펄떡이고
움직이며
숨 쉬는 생명 생명들
원초적인 삶이 존재하는 곳

아침 붉은 바다에 내려앉은
충만한 기운
이 땅 이 바다에 꿈을 펼쳐 놓는다

신이 내린 염전
백색의 보석 소금 꽃에

눈을 높이 세운 짱뚱어들
갯벌이 비워낸 바다에서
하늘 높이 뛰어 올라 세상을 보고 웃고
넓은 한반도 해송 숲
뻐꾸기 꿩들의 화음으로 충만한 생명들
삶이 이어지는 곳

정겨운 이웃들과 함께
정을 나누는 약속의 터전

촛대바위

삼척 앞 바다가 집념으로 뭉쳐 벌떡 일어선다

바위 장벽에 부딪히고는
너무 힘들어 하얀 거품을 끊임없이 만들며
들썩이고 있다

푸른 바다와 어울리는
날렵한 절경 하나를 빚어내기 위한 열정

어제도
오늘도
날마다
뼈가 부서지도록 일하면서
수많은 밤을 지새우고 있는 그 끈기

바람도 힘을 보태고
햇볕도 사시사철을 아낌없이 주었다

오랜 인고의 힘

온몸으로 깎고 다듬은 명작 조각품
촛대바위

그 하나를 창조하고
기쁨의
눈물을 훔치는

동해 푸른 물결

하도리 풍경

푸른 바다 저편
잠에 취해 있는 소 한 마리 곁에 두고 해녀들
숨비질 소리 짙게 녹아나는 곳

가을 철새들
용천수 샘솟는 호수에서 머문 아쉬운 정 두고
울면서 휘돌아 떠나고

청춘을 자랑하던 갈대도
백발이 서러운지 몸 비비고 울고 있는데

어제는 밀물이더니
오늘은 저만치 물러난 백사장 모래
양보라는 행동을
실천하고 있는 바다의 마음

주름살 깊게 패인 시간의 적립 속에
만남과
헤어짐의 진한 추억이 깃든 곳

나고 자란
고향 못 잊어 꿈에도 그리운
진한 향수

하도리

한강

어둠이
도망간 강물에

햇살 눈부시게 솟아올라
물속
불이 타는데

가로지른 철길 위
전차가 바쁘게 소리 내어 건너도
강물은 돌부처 표정이 없다

오백리 길을
유유히 달려 수많은 생명을 품어 안은
저 넓은 마음

한 해가 지나가는
섣달 마지막 날 사람들은 나이를 먹는데
한강은 오늘도

푸른 청춘
오늘도 새롭다

| 제5부 |

낙엽의 꿈

고향 생각

지난 밤
시간이 떠나면서 그려낸 작품

단풍나무, 벚나무, 느티나무와 숲들이
분홍 주황색 옷으로 곱게 단장했다

아침 햇살이
단풍 사이 명주실 웃음 짓는다.

까치 한 마리
붉게 익은 감나무 달콤한 가을 맛에
춤에다 노래까지 부르고
아내는
창문을 열어 가을을 닦고

열린 문틈으로 들어온 바람
낙엽 한 잎
씁쌀한 향기 실어 들어온다

풍요로운 이 계절
어릴 적
소리 내면서 흐르던 고향의 냇물에서
한가롭게 유영하던 물고기
메뚜기 뛰어놀던 논에
익어가던 곡식들의 살찐 풍경들

꿈처럼

그곳 가을이
담겨진다.

겨울 산의 여운

새하얀 종이 위에 조각된
예술

산중의 절집 추녀
풍경 소리 찬바람에 울고

노자의 약수도 움츠려
침묵한다

나무 위 빈 공간에
새 두 마리 날아와 점을 찍는데

이 겨울의 긴 여운
햇볕도
상고대 시릿발처럼 얼었다

아직도 갈
길은 멀지만

눈 속에서
봄은
눈치를 본다.

구절초 단상

인사도 없이 떠난
여름의 자리에
들판의
황금 곡식들도 하나 둘 거두어지고

명경지수에 담겨진 구름
지나가는 바람도 모두
한곳에
머물지 못하지만

구절초 무리들
충주호 강물에 지난 시간의 아프고
서러운 모습을 묻었다

시간이 밀어 올린
순수의 결정체

청초한 꽃잎들
하나하나에 더하거나

덜어낼
그 무엇도 없는

시공간의 합일

돌배나무

한여름의 몸살인가
창포원에 둥지를 잡은 돌배가
여물지도 않은 채
우수수 바닥에서 울고 있다

어미는 꽃을 온몸으로 피우고
농익은 살구보다 더
긴 시간 보살피며 가슴 진한 젖으로
키워 왔는데

여물지 못한 자식을 잃은
에이는 고통인가 돌배나무도
누렇게 부었다

부모와 자식으로
한 몸에서 맺어진 인연

낳고도
소유하지 않고

키우고도
지배하지 않는

무욕無欲의
근원

바다낚시

벼랑 끝 바위에서
철썩이는 파도에 시간을 드리우고 서 있는 사람들

부서지는 음악 소리에도
바다를 낚기 위해 마음을 씻어낸다

세상에 공짜는 없는 법
행운인가 싶어 물은 욕심
족쇄가 되고

살아간다는 게
그렇게 간단하지 않음을 감추어진 미끼에
낚여진 그때
바다는 그제야 정신이 든다

파도는 울어도
물은 여전히 푸르고
손맛 하나에 작은 한 생이
결정되는 현실

삶이란
땀으로 이룬
결정체 그 하나만
정답인 것을

배롱나무

늦은 봄
살며시 일어나 은근하게 시선 주는
여인

칠팔월 무더위에도
좋은 님 기다리며

한 잎 한 잎 밀어 올린
고운 입술

부끄러운 듯 간지러워
날아갈 듯
날렵하게 입은 한복의 부드럽고
여린 곡선미

석 달 열흘 동안
기도하듯 기다리며 피워 올리는
은근한 열정

눈부시고
안타까워
사뭇 아리어 오는

마음의 그림자

백사실 계곡

백사 이항복의 정자가 있었다는
도심에서 잠시 숨을 고르면
닿을 수 있는 종로 부암동 백사실 계곡의
전설을 찾는다

현재도 물이 맑아 도룡뇽이 살고 있지만
시간이 삼켜버린 역사의 흔적이 아프다

옛날 능금나무가 많았다는 전설의 계곡에
선비들 도포자락 펄럭이며 읊조리던
낭랑한 시조 창 소리도 침묵하고
말라버린 연못의 팔각정자도
멋들어진 별서 풍경도
이제는 주춧돌만 남아 지난 추억을 먹고 있는데

변하지 않는 것은
백석동천白石洞天 네 글자와
북악이 품어 안은 넉넉한 성품에다

한참 피어 있는 진달래 그 맑은 혼

마음의 영상뿐이리

봄의 신비

태양의 작은 눈짓 하나에
봄이 발화된다

얼음에 눌린
무거운 밤이 사라진 아침
꽃들이 눈을 뜨고
개구리가 폴짝 뛰는 모습

마음으로 보이는
새싹들
하나 같이 귀엽고 예쁜
내일을 위한 행진의 시작점

겨울보다
봄이 아름다운 것은 새로운 희망
신비로운
생명의 발아
그 하나 때문이다.

낙엽의 꿈

한생을
헌신獻身하다 자신을 내려놓은 이들이
외진 등산로를 감싸며

태어난 자리
이어지던 자신과의 인연도 단절한 채

버려져 짓눌리며 흩날려
흔적도 없이 가는 그 길에도
담담하게 노래하는 저 여유

밟으면 밟을수록
사각사각 소리 내어 웃으며

한 몸 미련 없이 던지면서
또 다른 생명을 기르려는 아름다운 마음

저 순수의 꿈

신선대

마음대로 쉬고 싶은데
그곳이
바위 정상이면 어떤가

모두가 비워진 허공
가슴 뚫리는, 바람들이 허락한 곳

푸른 생명을 기르는 바위
소나무들 정신력의 터전이 된 절벽

가끔 구름이
찾아와 놀고

세상사는 걱정 없는
무념의 공간

한 편의 시가
발효되는 청정한

휴식처

조릿대

한겨울 살을 에는 바람에
온몸 서걱이며
뿌리째 흔들려도 가녀린 몸들 무리지어
서로 보듬고 있다

연두 그 빛 하나
간직하기 위해 약한 자의 설움
내면에 숨기고

세상 이치
굽어 살필 수 있는 곳에 앉은
생존의 터전

뭉치고 응결된 정신은
생명성의 상징

존재 이유로
당당한 자존심의 이름

늘 푸른
조릿대

철쭉의 언어

안개비가 수묵화로 그린
바위 절벽에 앉아 세상을 보는 철쭉 한 그루

풀 한 포기 없는 터전에서
이슬 몇 방울로 연명하는 삶

넘치고 흘러 남아도
더 거두려고 날을 세운 세속을
한참이나 비껴선 채

메마른 작은 몸으로
봄을 밀어 올린 여린 마음의 순수

차마
바람도 안타까워 곁에 오지 못하고
실 같은 햇살만 합장 위로하는
정경情景

홀로

하늘과 함께 누리는 연두빛 삶의
유유자적하는

저 여유

하늘 도로

자동차가
구름 위로 난다

충주호 가로지른 산 정상에
매달린 도로

이곳 사람들이
밤낮으로 소리 나는 하늘을 쳐다보는 풍경이다

푸르던 제 모습
두 동강으로 허리를 다친 산
물 위에 걸쳐진 다리의 무게에 눌린
강물이 아프고
그 위로 들려오는 자동차 굉음의
단성면사무소
뒷산이 아프다

종일 세상 일 돌보다
어둠에 밀려난 저녁 해도 잠자러 가고

온갖 새들도
자신의 숲으로 돌아오는데
소음을 내며 내달리고
달려
제집 찾아가는 저 소리

모두들
자신들이 보금자리로 숨어드는데

잠도 없이
달콤한 휴식의 꿈을 훔쳐가는
오직 한 사람

행동대장 인

| 김재근의 시세계 |

무욕無慾의 시학

유한근

'더좋은문학상(2019)'을 수상한 김재근의 시집《형태소》의 발문, 시 해설 〈관념의 정서적 표상과 불교적 인식〉에서 나는 이렇게 그의 시세계를 언급한 적이 있다. 시 〈비진도의 여운〉은 "암자의 적요함과 이 시의 제목인 '비진도의 여운'을 느끼게 한다. 산사의 여운은 적요함과 무위無爲의 삶이다./'무위'의 사전적 의미는 '아무것도 하는 일이 없음. 또는 이룬 것이 없음'을 의미한다. 노장사상에서의 무위는 인위적이지 않은 자연 그대로의 것이지만, 불교에서의 인위는 '인연을 따라 이루어지는 것이 아닌 생멸生滅의 흐름을 초월한 것'을 의미한다.《금강경》의 한 구절 '응무소주이생기심應無所住而生其心', 텅 빈 마음, 즉 자성청정심自性淸淨心으로 모든 경계에 상응하라는 뜻처럼 청결한 영혼으로 바다와 비진도를 바라보며, 그 풍경 소리를 듣는 정서를 이 시는 표현하고 있어 그의 불교적 상상력에 방점을 찍는다. 이러한 나의 판단은 그의 시를 좀 더 지켜보고 내려야 할 것이지만, 분명한 것은 그의 시심 속에는 도교적이고 불교적인 인자가 감지됨을 알 수 있다"고 평설한 것이 그것이다. 또한 그의 시에서 아포리즘적 가치를 발견하고 그것에 대해 이렇게 평가한 바 있다. "소통을 거부하는 난해시로 인해 독자를 잃었다면, 앞으로의 현대시는 변증법적 합일의 형태로 '무엇을'에 대한 관심의 영역을 넓혀 새로운 형태의 시가 나타나야 할 소명을 가져야 한다는 점이다. 그 하나의 가지가 잠언시 혹은 아포리즘 시이다. (…) 우리 삶에 도움을 주는 정서와 사상 혹은 지혜의 시들이 독자들의 큰 호응을 받고 있는 것이 그것이다. 정서적으로나 사상적으로. 그 점에서 김재근 시인이 지향하고 있는 시의 한 방향은 긍정적"이라고 이해한 것이 그것이다.

이런 맥락에서 그의 두 번째 시집《삶의 의미》를 일별하려 한다.

1. 민초로서의 삶의 여유

시는 인간의 삶과 정서적인 측면에서 혹은 인식의 측면에서 가장 짧게 표출해서 보여주는 문학 장르이다. 우리들의 삶의 의미를 다각도로 다양하게 보여주는 문학 장르가 시 문학이다.

삶이라는 것은 '인연을 따라 이루어지는 것이 아닌 생멸生滅의 흐름을 초월한 것'임을 인식하고 있기 때문이다.

    삼방산 골 사이
    쓰러질 듯 피곤에 지친 집 뒤로
    하얗게 얼어붙은 배추가 길게 늘어진 밭

    살아서도
    죽어서도
    인정받지 못한 그들에게
    시린 눈길을 주던 등 굽은 주인

    물오른 나무들도 눈치 보는 꽃샘추위에
    혼자서 밭을 갈아 뒤집고 있는

    늘 푸른 노송처럼
    오롯이 지켜온 고향 흙냄새 향기 배인 삶

    온몸으로 지은
    분신의 잔재들
    아물지 않은 상처에도 바위처럼 침묵하며

    또 그 자리에
    새로운 봄

생명의 문을 연다.

—시 〈삶의 의미〉 전문

  위의 시 〈삶의 의미〉는 "하얗게 얼어붙은 배추"를 모티프로 해서 생명의 의미를 표현한다. 그 얼어붙은 배추에 눈길을 주는 '등 굽은 노인'은 배추와 자신을 동일화한다. 그리고 "온몸으로 지은/분신의 잔재들/아물지 않은 상처에도 바위처럼 침묵"(4연) 한다. 그것은 그 자리에서 자연에 순응하며 "생명의 문을" 여는 삶의 의미를 인식하기 때문이다. 그것들이 그 자리에서 '인연을 따라 이루어지는 것이 아닌 생멸生滅의 흐름을 초월한 것'임을 인식하기 때문이다. 이렇듯 이 시는 동양사상인 무위자연을 이해하기 때문이다. 자연친화상상력으로 극대화할 수 있는 자리가 그것이기 때문이기도 하다. 이 시와는 다른 시 〈민초〉에서도 김재근 시인은 질긴 생명력의 잡초에 비유한 '백성'을 표상하는 시어를 통해서 '삶의 의미'를 환기해 준다. "살아야 한다는 본능은/동토도 뚫어내는 옹골찬 정신의 결집"으로, 그리고 "시린 발로 걷는 길에/보송보송 털을 세우고 후세를 이으려는/희망 하나 가슴에 품은//얼음 밭에 누워서도 천연스럽게 웃고 있는/그 여유"로 인식하기도 한다. 또한 '그 생명의 함'을 "매운바람 불면/동상凍傷을 입을망정 갈색 옷 갈아입고서/죽은 듯 홀로 다지고 응축한 내공"으로 인식하기도 한다. "이 땅 골짜기/이름도 없이 태어나 그림자처럼" 질기게 살아왔기 때문에 그 힘은 살아 있는 것에 대한 '내공'이며 한편으로는 '여유'임을 재확인한다.

이러한 민초들의 삶이 새로운 인식의 결과물이라고는 볼 수 없다. 그러나 이런 인식을 시로 형상화하고 다른 창조물로 보여준다는 점에서 우리는 이 시를 주목하게 되는 것이다.

특히 '여유'라는 시어가 가지는 삶에 대한 인식은 특별하다. 그 여유는 "얼음 밭에 누워서도 천연스럽게 웃고 있는/그 여유"(시 〈민초〉 중에서)이며, "지난 시간 탐조등 하나 찾기 위한 여유"(시 〈제야의 메아리〉 5연에서), "중도 바다 아침/이슬이 내려앉은 짱뚱어 다리 아래/바다를 비워낸 갯벌의 여유"(시 〈짱뚱어 다리〉 중에서), "비파의 아름다운 선율에도/때를 기다릴 줄 아는 여유"(시 〈비슬산 참꽃〉 중에서), "버려져 짓눌리며 흩날려/흔적도 없이 가는 그 길에도/담담하게 노래하는 저 여유"(시 〈낙엽의 꿈〉 중에서)이다. 이러한 여유는 자연과의 대면이나 친화를 통해서 얻게 되는 여유이며 자연친화상상력의 소산이다.

안개비가 수묵화로 그린
바위 절벽에 앉아 세상을 보는 철쭉 한 그루

풀 한 포기 없는 터전에서
이슬 몇 방울로 연명하는 삶

넘치고 흘러 남아도
더 거두려고 날을 세운 세속을
한참이나 비껴선 채

메마른 작은 몸으로
봄을 밀어 올린 여린 마음의 순수

차마
바람도 안타까워 곁에 오지 못하고
실 같은 햇살만 합장 위로하는
정경情景

홀로
하늘과 함께 누리는 연두빛 삶의
유유자적하는

저 여유

—시 〈철쭉의 언어〉 전문

 위의 시 〈철쭉의 언어〉에서의 철쭉 한 그루는 "바위 절벽에 앉아 세상을" 바라보는 존재물이다. "풀 한 포기 없는 터전에서/이슬 몇 방울로 연명하는 삶"을 사는 존재이다. 그럼에도 불구하고 여유를 가질 수 있는 것은 "넘치고 흘러 남아도/더 거두려고 날을 세운 세속을/한참이나 비껴선" 마음 때문이며, "메마른 작은 몸으로/봄을 밀어 올린 여린 마음의 순수" 때문이다. 세속의 욕망을 휘둘리지 않고 남루한 삶이더라도 순수를 지키려는 시인의 마음이 투영되어 있기 때문이다. 그 여유를 김재근 시인은 "실 같은 햇살만"으로도 "합장 위로" 받고 "홀로/하늘과 함께 누리는 연두빛 삶의/유유자적"적인 삶으로 이 시를 통해 인식한다. 이 또한 그의 시 사상 저변에 동양적 사상인 도교와 불교사상이 깔려 있기 때문으로 보인다. 안빈낙도 혹은 무소유욕의 사상이 깔려 있기 때문에 이러한 삶의 가치가 가능해진다.

2. 자연과 가족이 투영된 실존의 의미

 문학은 인간의 이해에서 시작된다. 그것이 인간에 대한 연민이나 절망으로 끝나더라도 문학은 인간에게 바쳐진다. 그 삶의 과정이 순탄한 길이든 가시밭길이든 문학은 인간의 정체성 규명의 연속적인 탐색이라 할 수 있을 것이다.
 그래서 시인은 시로 인간의 삶을 노래할 때 비유의 방식으로 암시하든지 아니면 직설적인 삶에 대한 철학적 인식을 아포리즘적으로 표출하게 된다. 김재근의 경우는 다분히 후자에 속한다. 하지만 이에 도달하기 위한 구체적인 예시를 놓치지 않는다. 시 〈행복의 의미〉의 첫 연 "한생을 살아간다는 것은/자신만의 역사를 적립하는 과정"이라는 직설적인 탐색이 그것이다. 그리고 2연의 팔순 할머니의 이사 간 친구를 찾기 위한 열차 타기의 예가 그것이다.

  한생을 살아간다는 것은
  자신만의 역사를 적립하는 과정

한겨울 날씨에
팔순도 훨씬 지난
단정한 할머니 한 분
석계역에서 가능역 가려면 어느 열차 타느냐고
물어 오시는데
왜 가시느냐고 물으니
이사를 한 친구 찾아가는 길이라고
밝은 웃음이다

고령의 연세에도
찾아갈 수 있는 곳
정겹게 불러주는 친구가 있어
꽃피운 얼굴

구수한
된장 맛 나는 오랜 벗도 찾아가고
차창 밖에 펼쳐지는
좋은 세상 구경은 숨 쉬는 사람의
당연하게 생각되는 권리인데

평생 동안
제작한 지난 삶의 영상도 잊은 채
요양원 침대를 집 삼아 누운
시공간의 생명은
세상 관심 내려놓은 무념의 경지

오늘도
아침 햇살은 이렇게
눈이 부시다.

―시 〈행복의 의미〉 전문

　위의 시 〈행복의 의미〉는 고령 할머니의 단편적인 삶의 모습을 통해 행복의 의미가 무엇인지를 환기해 주는 시이다. "고령의 연세에도/찾아갈 수 있는 곳"이 있어서, 그리고 "정겹게 불러주는 친구가 있어/꽃피운 얼굴"을 포착하여 "좋은 세상 구경은 숨 쉬는 사람의/당연하게 생각되는 권리"라는 삶의 평범한 진리를 환기해 준다. 그리고 한편으로는 "요양원 침대를 집 삼아 누운/시공간의 생명"들의 "세상 관심 내려놓은 무념의 경지"를 선험함으로써, "오늘도/아침 햇살은 이렇게/눈이 부시다"는 감각적 인식을 새롭게 한다.
　같은 맥락의 시 〈살아가는 것은〉의 첫 연에서처럼 "살아간다는 것은/기다림과 설레임의 또 다른 표현"이다. "한 방울의 물이/새로운 세계를 향하여 떠나가듯./우리 인생은/강물에 희망을 찾아 떠나가는 배"와 같이 살아간다는 것은 기다림과 설레임의 연속일 수도 있다. 그것을 이 시는 삶의 모티프로 사유한다. "우리 한생도/지나고 보면 한순간/기쁘고 슬픈 날도 있지만/그래도 숨 쉬는 기쁨은 하늘이 준 것" 그것을 "생각하면 /풀 한 포기 곤충 한 마리/세상의 생명체는/그 자체로 존재 가치가 있는 소중한 개체"라고 인식한다. 그래서 육신의 옷을 버릴 때까지 "우리를 위해 희생한 지상의/모든 것에 감사하고/애련哀憐의 마음으로/사랑하면서 살아가야" 한다고 다짐한다.

> 삶의 의미는/길 위에서도 얻는다//안개비가/산을 가린 바위 절벽에 철쭉꽃이 두 손 모아/합장하고 있다//다람쥐처럼 작은 몸이 밀어 올린/몇 송이 여린 순수//풀 한 포기 없는/메마른 터전에 홀로 이슬 몇 방울로 연명한/시간들이 이어진//울음 같은 삶에도/신선들과 머무는 무욕의 세계//바람도 안타까워 차마/곁에 오지 못하고//햇살 한 줌/찾아와 친구가 된다.
> ―시〈삶의 방식〉전문

위의 시〈삶의 방식〉의 첫 행은 다분히 자연친화적이고 도교적 아포리즘이다. "삶의 의미는/길 위에서도 얻는다"는 길이 표상하는 도교적 상상력이기 때문이다. 그리고 2연의 "산을 가린 바위 절벽에 철쭉꽃이 두 손 모아/합장하고 있다"에서의 철쭉꽃의 합장은 '만물이 불성을 지니고 있다'는 불교적 상상력에 의하여 "다람쥐처럼 작은 몸이 밀어 올린/몇 송이 여린 순수//풀 한 포기 없는/메마른 터전에 홀로 이슬 몇 방울로 연명한"다는 인과논리에 의해서 창조된 연상적 이미지가 가능해진다. 그러나 이러한 인과논리는 "무욕의 세계"의 바탕에서 이루어진다. 이러한 관념적 이미지를 시〈삶의 방식〉은 길 → 철쭉 → 이슬 → 햇살 등 자연물의 연상적 이미지를 통해 이들이 몰아일체沒我一體임을 인식한 시이다. 이렇듯 이 시는 시 제목부터 관념적이며 첫 행의 첫 시어도 관념적이다. 그리고 행간 속에 함유되고 있는 의미 공간도 관념적이다. 그것을 우리가 쉽게 접할 수 있는 자연물을 통해서 구체화시키고 있다. 이 점이 이 시를 주목하게 하는 이유이다.

 관념 공간을 시로 구체화시키는 방편으로는 이미지가 적절하다. 그러나 시의 경우에는 소설과는 다른 형태의 서사를 통해서 가능해진다. 그 하나의 예가 시 〈세 글자〉이다.

   아버지란
   이 세 마디의 말 어린 시절
   내 사전에 없었다
   따뜻한 가슴의
   안아 주시던 그런 기억은 없었다

   네 살
   기억이 아물거릴 때
   하늘로 향하는
   꽃가마 타고
   정든 사립문을 떠난 단어
   아버지

   한겨울
   희미한 등잔불 아래
   숨 가쁘게 삼 일을 누워 계시던 집의 대들보는

그렇게 무너져
외로운 그 먼 길을 홀로 떠났다

스물여섯 젊은 엄마는 하늘이
무너져 피눈물 흘리는데
첫돌도 못 된 막내아들은
젖 달라고 울고
배가 고픈 세 살 아들은
밥 달라고 울고
네 살 아들은 "우리도 제사지내면 쌀밥 먹는다"는 말에
온 마을 울음바다 되었다.

어머니의
모성을 먹고 자라
기억에서 사라진 단어

아버지가 되어 터득한
세 글자의 의미

—시〈세 글자〉전문

이 시의 '세 글자'는 아버지이다. 아버지를 모티프로 하여 쓰고 있지만 이 시에는 '어머니'라는 세 글자와 '식구들'이라는 세 글자의 이야기들이 함유되어 있다. 시적 자아의 아버지는 네 살 때 꽃가마가 표상하는 바 의미인 상여를 타고 정든 사립문을 떠나 시적 자아의 기억 속에는 남아 있지 않았다.(1,2연) 그 상황을

시인은 "한겨울/희미한 등잔불 아래/숨 가쁘게 삼 일을 누워 계시던 집의 대들보는/그렇게 무너져/외로운 그 먼 길을 홀로 떠났다"고 표현한다. 그로 인해 "스물여섯 젊은 엄마는 하늘이/무너져 피눈물 흘리는데/첫돌도 못 된 막내아들은/젖 달라고 울고/배가 고픈 세 살 아들은/밥 달라고 울고/네 살 아들은 "우리도 제사지내면 쌀밥 먹는다"는 말에/온 마을 울음바다 되"는 고된 생활을 해야 했다. 그래서 시인은 "어머니의/모성을 먹고 자라/기억에서 사라진 단어"인 아버지라는 세 글자를 "아버지가 되어 터득"하게 된다.

그리고 어머니를 모티프로 해서 쓴 시 〈관정管井〉에는 어머니를 "강바닥 돌 자갈 걷어내고/파 보아도 반응 없는 웅덩이에/애간장 타는 농심 흔적이/보일 때까지 파고 또 파서 피멍든 손바닥"으로 표상하며, "여기/일평생 자신의 한 몸보다/분신이 아프면 자신이 더 아픈/절절한 사랑의 공덕"으로 인식하며 지하수를 퍼 올리기 위해 만든 둘레가 대롱 모양으로 된 우물인 '관정管井'으로도 인식한다. 어머니의 공덕과 모성을 관정으로 인식하기도 한다. 그 어머니가 "자식농사에/쏟아낸 정열 모두 쏟아낸 뒤/고단한 의무를 끝낸 듯/십여 년간/요양원 침대 한 칸에 마르고 앙상한 몸/세상을 잊은 듯 누이고 있"다. 그 어머니가 누워 있는 공간에서 시인은 시 〈백팔번뇌〉로 "급하게 달려간 전쟁터"로 표현한다. "한생의 모진 삶이/흔들리는 바람처럼 불어와/여기에 온/꿈같은 시간의 연속/삶 자체가/백팔번뇌인 것"으로 인식한다.

3. 산시山詩의 아포리즘

산은 모든 것을 품고 있다. 모든 자연물을 함유하는 자연의 보고이다. 산은 지구의 중심에 우뚝 서 있는 존재물이며, 그 속에는 지구를 형성하는 오행인 물[水], 나무[木], 불[火], 흙[土], 쇠[金]가 존재한다. 이에 따라 산은 인간의 생성과 소멸 등 우주의 순환 이치가 있다. 이를 깨닫기 위해서 사람들은 산을 타는지도 모른다. 김재근 시인은 산악인이다. 일주일에 두 번씩은 산에 오르는 것으로 알고 있다. 이러한 체험을 산행 수필로 쓰기도 하고 시 속에서 녹아 넣고 있다.

  한때의 번민은
  묵은 껍질을 벗기 위한
  아픔의 과정

  언제부터인가
  한 마음이
  자리 잡지 못할 때에는
  산으로 오라

  산골의 폭포가
  미련 없이 비워내는
  보석들의 춤과 음악 들으며

꽃과
나무들의 정겨운 속삭임에
상쾌한 공기
한 쌈 싸 먹고

한곳에 머물면서
시공을 초월한 바위들
그 내면의 기품을 생각하고

오르고
오르다 보면

어느새
탁 트인 공간에서
스스로 무념무상의 의미를
느낄 수 있으리

—시 〈산이 부른다〉 전문

시 〈산을 부른다〉는 "언제부터인가/한 마음이/자리 잡지 못할 때에는/산으로 오라"라는 청유형 톤에서 볼 수 있듯이 산에 대한 찬가이다. 시인이 산이 되어 노래하기보다는 산에 들어 사람들에게 산행을 권하는 노래이다. 산 폭포를 "미련 없이 비워 내는/보석들의 춤과 음악"으로 인식하고 "꽃과/나무들의 정겨

운 속삭임에/상쾌한 공기/한 쌈 싸 먹"을 수 있는 힐링의 공간
으로 노래하며, 내면적으로는 "한곳에 머물면서/시공을 초월한
바위들/그 내면의 기품을 생각하고//오르고/오르다 보면//어느
새/탁 트인 공간에서/스스로 무념무상의 의미를/느낄 수 있으
리"라고 노래하는 찬가이다.

오늘도 산은 한여름의 열기
한 발 한 발 오르는 만큼
축적된 진액을 모두 쏟아낸다

지루하고 긴 암투
오르고자 하는 마음과 쉬고 싶은
육신의 갈등이 인내를 시험하는데
더위를 먹은 숲속 새들도 침묵이다

노력하는 그곳에 길이 열리고
평온한 생각들이 자리 잡는다
오르는 육신도 고통이 희열처럼 느낄 때쯤
비운다는 이유를 터득한다
한계에 이르면
자신의 몸무게는 물론 마음의 티끌까지도 버리고 싶다.
주어진 환경에서 욕심 없이 살아가는 생명체들에 의해
마음의 무게도 덜어진다

살아오면서 혜택을 받아온

당연하게 생각했던 모든 것들이 감사하다
피어난 꽃 한 송이
바위 사이 풀 한 포기
흘러가는 구름
불어오는 바람
상쾌한 공기
아름다운 숲
세상에 존재하는 모든 물체와
이 산에 오를 수 있게 도와주고 인도한
사람들의 흔적 등

산 정상
그곳은 구도자求道者의 희열
무아지경 그것이다.
　　　　　　　　　—시 〈법열法悅〉 전문

　시 〈법열法悅〉에서도 지혜의 언어가 보인다. "노력하는 그곳에 길이 열리고/평온한 생각들이 자리 잡는다/오르는 육신도 고통이 희열처럼 느낄 때쯤/비운다는 이유를 터득한다/한계에 이르면/자신의 몸무게는 물론 마음의 티끌까지도 버리고 싶다./주어진 환경에서 욕심 없이 살아가는 생명체들에 의해/마음의 무게도 덜어진다"(3연)가 그것이다. 산에 오르려는 노력으로 새 길이 열리고, 등산의 큰 고통이 희열로 오면 그것은 하심下心이 커진다는 체험의 지혜 언어. 그 하심은 마음의 티끌까지

버릴 때 성취된다는 지혜의 언어는 인간 한계의 등산의 체험에서 얻어지는 것으로 보인다. 그로 인해 살아 있다는 감사한 마음, 그 마음이 정상에 이르면 그것은 무아지경의 구도자의 희열과 다르지 않다는 것이다. 이에 따라 다른 시 〈도봉의 가을〉 끝 연에서의 "이 가을의 넉넉한 인심/정말/거시기 하네!!"라는 절창을 가능하게 한다.

"세상에 공짜는 없는 법/행운인가 싶어 물은 욕심/족쇄가 되고//살아간다는 게/그렇게 간단하지 않음을 감추어진 미끼에/낚여진 그때/바다는 그제야 정신이 든다"고 바다를 모티프로 한 시 〈바다낚시〉에서도 인간의 욕심을 경계한다. 그래서 "파도는 울어도/물은 여전히 푸르고/손맛 하나에 작은 한 생이/결정되는 현실//삶이란/땀으로 이룬/결정체 그 하나만/정답인 것을"(시 〈바다낚시〉 중에서) 깨닫게 된다.

또한 시 〈풍경 1〉에서 "겨울이 채 가시지 않은/저녁 7시 식당"에서 체험한 "단돈 칠천 원에/따뜻한/밥 한 그릇의 행복도/주머니가 빈/어두운 그림자에 가려진 그들/그들의/비워진 마음들"의 탐색을 통해 "손이 시린/주인은/적막한 한겨울"에 고향 떠난 이들의 마음은 시리다는 인간에 이해까지도 인식하게 된다. 이는 불교사상과 연계성을 갖는다.

불교 연기론緣起論에서 모든 존재물은 고립적으로 혹은 자체적으로 존재하지 않고 주위와의 연관 관계 속에서만 존재한다고 본다. 그것이 유형의 것이든 아니면 무형의 것이든 그 경계 없이 관계성을 갖고 존재한다. 이는 '자아'가 우주 안의 제 존재와 역동적인 관계성에서 존재한다는 도교의 관점과 다르지 않다.

그 하나의 예가 장자의 경우인데, 장자는 독립적으로 존재하는 자아自我를 해체하여 무위자연 속으로 동화시키는 것이 그것이다. 또한 불교의 범아일여梵我一如 사상도 이 맥락 속에 있다. 우주의 궁극적 실재물과 인간이 하나라는 사상은 이분화된 경계를 초극하는 선적 경험을 통해 깨달음을 얻은 불교의 연기법으로 이어지는데, 그런 자연친화상상력으로 시를 형상화하는 김재근 시가 그 맥락 속에 있음은 자명하다. (문학평론가)

인문시선 028
김재근 시집

삶의 의미

초판 인쇄 | 2019년 11월 25일
초판 발행 | 2019년 12월 02일

지은이 | 김재근
펴낸이 | 서정환
펴낸곳 | 인간과문학사

주 소 | 서울특별시 종로구 삼일대로32길36 305호(익선동, 운현신화타워빌딩)
전 화 | 02)3675-3885, 063)275-4000
등 록 | 제300-2013-10호
E-mail | human3885@naver.com inmun2013@hanmail.net

값 10,000원

ISBN 979-11-6084-113-8 03810

* 저자와 협의하여 인지는 생략합니다.
* 잘못된 책은 바꿔 드립니다.

이 도서의 국립중앙도서관 출판시도서목록(CIP)은 서지정보유통지원시스템 홈페이지(http://seoji.nl.go.kr)와 국가자료공동목록시스템(htpp://www.nl.go.kr/kolisnet)에서 이용하실 수 있습니다. (CIP제어번호: CIP2019046932)

Printed in KOREA